Lin Hallberg
Neue Freunde für Billie

Lin Hallberg,
geboren 1956, wuchs in der Nähe von Stockholm
auf. Seit ihr Vater sie als kleines Mädchen in die
Spanische Hofreitschule in Wien mitnahm, liebt sie
Pferde über alles. Heute besitzt sie einen eigenen
kleinen Reiterhof mit ganz vielen Shetlandponys,
auf dem auch der »echte« Billie lebte.

Margareta Nordqvist,
geboren 1953, ist eine schwedische Künstlerin,
Illustratorin und Autorin diverser Kinder- und
Jugendbücher.

Lin Hallberg

Neue Freunde für Billie

Zeichnungen von Margareta Nordqvist

Aus dem Schwedischen
übersetzt von Maike Dörries

Arena

Weitere Bücher in dieser Reihe:
Alle lieben Billie
Frechdachs Billie, liebster Freund

Titel der schwedischen Originalausgabe: *Det spökar, Sigge*
erschienen im Bonnier Carlsen Bokförlag, Stockholm
Text © Lin Hallberg 2010
Illustrationen © Margareta Nordqvist 2010

1. Auflage 2016
© für die deutsche Ausgabe: Arena Verlag GmbH, Würzburg 2016
Alle Rechte vorbehalten
Aus dem Schwedischen übersetzt von Maike Dörries
Einband- und Innenillustrationen: Margareta Nordqvist
Covergestaltung: Maria Proctor
Gesamtherstellung: Westermann Druck Zwickau GmbH
ISBN 978-3-401-45453-5

www.arena-verlag.de

Inhalt

Endlich wieder reiten!

Elina geht jetzt in die dritte Klasse. Für sie und ihre Freundinnen Hanna, Matilda und Agnes beginnt nun endlich wieder der Reitunterricht auf dem Hof, auf dem auch Elinas Lieblingspony Billie lebt. Sein Fell ist fast komplett weiß und er ist das süßeste Pony der Welt, findet Elina.

Billie ist etwas ganz Besonderes. Er ist ein bisschen schreckhaft und tut dann unerwartete Dinge. Zum Beispiel überraschend zur Seite springen oder in vollem Tempo lospreschen.

Billie lässt sich auch von aufflatternden Vögeln oder dem Pfeifen des Windes

erschrecken. Aber manchmal tut er auch nur
so, als hätte ihn etwas erschreckt. Ingela,
Elinas Reitlehrerin und die Besitzerin des
Hofes, meint, Billie hätte eben nur Flausen
im Kopf. Hanna, Matilda und Agnes haben
Angst, auf Billie zu reiten, aber Elina nicht.
Sie weiß, dass Billie sie nicht wirklich ärgern
will. Er ist einfach ein Frechdachs.

Hannas Lieblingspony ist Molly. Molly ist eine schwarze Stute. Sie ist sehr ruhig und freundlich zu allen. Genau wie Hanna. Darum passen die beiden auch so gut zusammen.

Als die vier Mädchen mit dem Reiten angefangen haben, war Sam Matildas Lieblingspony. Sam ist ein Shettie. Er hat

fuchsfarbenes Fell und ist Billies großer
Bruder. Und obwohl er der Kleinste der
Shetties ist, ist er ihr Anführer. Beim letzten
Reitausflug hat Ingela Matilda überredet,
statt auf Sam auf Nanou zu reiten. Jetzt hat
Matilda zwei Lieblingsponys. Sam, der
schön pflegeleicht ist, und Nanou, auf der
sie am liebsten reitet.
Agnes' Favorit ist Japp. Japp ist ein
Schwarzschecke, das heißt, dass sein Fell

schwarz und weiß gescheckt ist. Japp ist
das ruhigste und langsamste Pony im Stall.
Was Agnes, die auch eher etwas langsam
ist, nur recht ist.

Es ist Donnerstag und somit endlich wieder
Zeit für die erste Reitstunde nach den
Sommerferien. Ab heute sollen Elina,
Hanna, Matilda und Agnes lernen, ohne

Hilfe der älteren Pflegemädchen zurechtzukommen. Sie sind jetzt lange genug dabei, um ohne Führerin zu reiten, meint Ingela.

Elina sitzt auf ihrem Platz im Klassenraum und träumt vor sich hin. Sie haben Matheaufgaben zum Lösen bekommen, aber Elina kann an nichts anderes denken als an Billie.

Jetzt, wo die Sommerferien vorbei sind, hat sich einiges geändert für Elina und ihre Freundinnen. Sie sind jetzt neun Jahre alt,

gehen in die dritte Klasse und dürfen alleine mit dem Fahrrad zur Schule und nach Hause fahren. Aber heute nach der Schule fahren die vier Freundinnen direkt zum Reitstall. Elina geht im Kopf noch einmal durch, was sie mitnehmen muss. Hoffentlich hat sie nichts vergessen.

Reithelm, Sicherheitsweste, Reithose, Reitstiefel, Stallpulli und die Gerte in der Seitentasche des Rucksackes. Doch, sie hat alles dabei.

Der Zeiger der Wanduhr hinter dem Lehrerpult kriecht im Schneckentempo voran. Fünf vor zwei! Will es denn heute gar nicht klingeln?

Wenn es nach Elina ginge, wäre sie jeden Tag im Stall. Aber das darf sie erst, wenn sie zehn Jahre alt ist. Dann darf man im Reitstall als Pflegerin anfangen. Elina hofft inständig, dass Billie dann gerade frei ist. Josie, die im Moment Billies Pflegerin ist, wird langsam zu groß, um ihn noch länger zu reiten, aber sie will trotzdem noch nicht aufhören. Josie will bald in die Reitgruppe für die Großen wechseln und parallel weiter Billie pflegen.

Elina muss daran denken, wie traurig Josie bei ihrem letzten Treffen war. Sie hatte in Billies Box gesessen und geweint. Als Elina sie trösten wollte, meinte Josie nur, dass sie nicht weiter wachsen und immer zwölf Jahre alt bleiben will, damit sie Billie als Pflegepferd behalten kann. Elina kann sich gut vorstellen, wie Josie sich fühlt. Trotzdem ist sie insgeheim froh, dass Josie viel zu groß aussieht, wenn sie auf Billie sitzt.

Endlich klingelt es! Schulschluss! Die Schüler atmen auf und packen ihre Mathebücher weg.

»Dankeschön und einen schönen Tag euch allen«, sagt die Lehrerin.

»Danke, gleichfalls!«, rufen Elina und ihre Mitschüler und stürmen nach draußen.

Die vier Mädchen haben es schrecklich eilig und laufen um die Wette zu den Fahrradständern. Sie radeln in einer Reihe am Straßenrand hintereinander her. Matilda fährt an der Spitze, hinter ihr kommt Agnes, dann Hanna und als Letzte Elina.

»Was wir wohl heute machen?«, ruft Matilda.
»Ich will springen!«, jubelt Elina.
»Das erlaubt Ingela nie«, ruft Hanna. »Nicht in der ersten Stunde nach den Ferien.«
»Ich freu mich auf Japp«, ruft Agnes. Danach schreien sie alle gleichzeitig ganz laut den Namen ihres Lieblingsponys, auf dem sie reiten wollen. Elina hat dabei komischerweise ein bisschen Bauchweh. »Hoffentlich darf ich heute auf Billie reiten«, murmelt sie leise vor sich hin.

Eigentlich weiß Elina nämlich ganz genau, dass sie nicht die ganze Zeit auf einem Pony reiten sollen. Ingela findet es wichtig, dass die Mädchen verschiedene Ponys reiten. Aufgeregte, faule und bockige. Wer mal ein guter Reiter werden will, muss mit allen Arten von Pferden klarkommen, sagt Ingela.

Die Ponys weiden auf der Koppel neben der Straße, als die Mädchen angefahren kommen. Die Schreie und Rufe der vier Mädchen schrecken Billie auf, der in wildem Galopp das Weite sucht.

»Keine Angst, Billie!«, ruft Elina. »Wir sind's doch nur.«

Die Ponys sind in Tobelaune. Sam galoppiert hinter Billie her, gefolgt von den zwei Fohlen Scilla und Robin.

»Sieh dir mal Robin an!«, ruft Matilda.

Robin vollführt wilde Bocksprünge auf der Weide.

»Der ist ja völlig aus dem Häuschen«, lacht
Matilda.

»Ich finde es ganz schön gemein, dass
Ingela die Fohlen verkaufen will«, sagt Elina.

»Das weißt du doch gar nicht!«, sagt Matilda
empört.

»Doch, ich habe die Familie getroffen, die

Scilla kaufen will«, sagt Elina. »Sie waren hier und haben sich die Fohlen angeguckt. Und danach waren sie noch mal bei dem großen Turnier.«

»Ich kann's echt nicht mehr hören, wie du mit dem Turnier angibst«, sagt Matilda seufzend.

»Tu ich doch gar nicht.« Elina funkelt Matilda an.

»Tust du wohl«, beharrt Matilda. »Du gibst ständig damit an.«

»Müsst ihr euch schon wieder streiten?«, fragt Hanna.

»Sag das mal Matilda«, antwortet Elina eingeschnappt.

Plötzlich ist es gar nicht mehr lustig, zu viert zusammen zum Reitstall zu radeln. Elina wird langsamer und die Lücke zu den anderen wird immer größer.

Matilda, die blöde Kuh! Immer verdirbt sie einem die Laune.

Elina ist wütend, aber auch traurig. Am

liebsten würde sie weinen. Wieso kriegen
sie sich nur dauernd in die Haare?
Ausgerechnet sie und Matilda, ihre fast
beste Freundin.
Mama glaubt, dass Matilda eifersüchtig ist,
weil Elina in den Ferien so viel Zeit im Stall
verbracht hat. Vielleicht stimmt das ja, aber
doof ist es trotzdem.
Als Elina als Letzte den Stall betritt, stehen
ihre Freundinnen schon vor der großen
Pinnwand.
Ingela hat die Namen aller Schulponys
aufgeschrieben.

Sam	Japp
Billie	Molly
Nanou	Sappo

»Sappo!?«, rufen die Mädchen wie aus
einem Mund.
Vier Augenpaare starren Ingela verdutzt an.

»Auf dem will ich im Leben nicht reiten, das trau ich mich nicht.« Hanna schüttelt sich.

»Ich auch nicht«, stimmt Agnes ihr zu.

»Wozu brauchen wir sechs Ponys?«, fragt Matilda. »Wir sind doch nur zu viert.«

»Ab jetzt seid ihr zu sechst.«

Ingela lächelt geheimnisvoll. Elina weiß, dass einer der Neuen in ihrer Gruppe Eric ist, Ingelas Sohn. Aber das verrät sie nicht, weil dann bloß wieder die Stimmung kippt. Matilda benimmt sich immer so komisch, wenn Eric etwas mit ihnen zusammen macht. Sie zieht Elina ständig damit auf, dass sie total verknallt in Eric ist. So ein Quatsch!

»Sag schon, Ingela!«, quengeln Hanna, Matilda und Agnes. »Wer sind die beiden?«

»Der eine ist Eric«, sagt Ingela lachend. »Und die andere ist Rosanna, die vor Kurzem mit ihrer Familie hergezogen ist. Sie reitet schon genauso lange wie ihr.«

Rosanna

Ingela will gerade etwas über das neue
Mädchen erzählen, als Rosanna mit ihrer
Mutter in der Stalltür auftaucht.
»Es freut mich sehr, dass Rosanna in eurer
Gruppe anfangen kann«, sagt ihre Mutter.
»Reiten ist ihr wichtiger als alles andere.«
Rosanna starrt verlegen auf ihre Reitstiefel.
»So geht's mir auch«, sagt Elina.
Da hebt Rosanna den Blick und lächelt Elina
an.
»Zeigt doch Rosanna schon mal den Stall
und stellt ihr die Ponys vor«, sagt Ingela.
»Und sobald Eric da ist, machen wir
Ponywahl.«

Die Mädchen zeigen Rosanna die
Sattelkammer, die Pony-Boxen im kleinen
Stall und die Boxen für die Pferde im großen
Stall.
»Hier steht Sam.«
Matilda zeigt auf Sams Namensschild.

»Sam ist eins meiner Lieblingsponys.«
»Und hier steht Billie«, zeigt Elina. »Er ist
Sams kleiner Bruder und mein
Lieblingspony.«
Hanna zeigt Rosanna Mollys Box und Agnes
zeigt ihr Japps.

»Ist das da auch das Lieblingspony von irgendwem?«

Rosanna zeigt auf Sappos Namensschild.

»Nein.«

Elina schüttelt den Kopf.

»Sappo ist Billies und Sams kleiner Bruder.
Er ist neu im Stall und manchmal ganz
schön wild.«
»Das macht mir nichts aus«, sagt Rosanna.
»Das bin ich gewohnt.«

Rosanna erzählt von ihrem Lieblingspony Buster, einem Gotlandpony in ihrer früheren Reitschule.

»Keiner aus meiner Gruppe mochte auf Buster reiten«, sagt Rosanna. »Weil er die ganze Zeit Faxen gemacht hat.«

»Dann bist du genau die Richtige für Sappo«, sagt Agnes.

Als Eric kommt und es an die Verteilung der Shetties geht, schreien alle Mädchen gleichzeitig den Namen ihres Lieblingsponys.

»Ruhe!«

Ingela hebt eine Hand über den Kopf, als Zeichen, dass sie sich wieder beruhigen sollen. Sie lacht, weil Rosanna genauso laut Sappos Namen ruft, wie die anderen Mädchen die Namen ihres Lieblingsponys.

»Hast du dir von ihnen Sappo andrehen lassen?«, fragt sie augenzwinkernd.

»Das macht mir nichts aus, dass er so

wild ist«, sagt Rosanna. »Das bin ich gewohnt.«

»Bitte, Ingela«, bettelt Elina. »Sag, dass wir unsere Lieblings-Shetties reiten dürfen. Nur heute!«

»Ihr kennt meine Meinung dazu«, sagt Ingela streng. »Ihr müsst alle Ponys reiten können.«

»Bitte!«

Hanna sieht Ingela mit Tränen in den Augen an.

»Ich habe Japp den ganzen Sommer nicht gesehen«, jammert Agnes.

Ingela schüttelt den Kopf, als sie die flehenden Blicke der Mädchen sieht.

»Aber wirklich nur dieses eine Mal«, sagt sie streng. »Nächstes Mal nehmt ihr klaglos das Pony, das ich euch zuteile. Versprochen?«

Das zu versprechen, fällt den Mädchen nicht schwer. Kurz darauf sind sie auf dem Weg zur Koppel, jede mit dem Halfter ihres Ponys

über der Schulter. Eric hat Sappos Halfter
bekommen.

»Es ist besser, wenn Rosanna in ihrer ersten
Stunde auf Sam reitet.«

Ingela möchte Rosanna gern reiten sehen,
bevor sie ihr Sappo gibt.

Elina und Rosanna gehen nebeneinander
über die Weide, um Billie und Sam zu holen.
Die Brüder grasen im hinteren Teil der
Koppel.

»In meiner alten Reitschule waren die
Pferde immer schon auf dem Reitplatz,
wenn wir gekommen sind«, erzählt Rosanna.

»Habt ihr euch nicht um sie gekümmert?«,
fragt Elina erstaunt.

»Nö, wir sind nur geritten«, sagt Rosanna.

»Wir dürfen hier alles machen.« Elina nickt
zufrieden.

»Aber ihr habt keine Reithalle.« Rosanna
schaut sich um.

»Nein«, gibt Elina zu.

»Was macht ihr, wenn es regnet?«, fragt
Rosanna.

»Dann reiten wir trotzdem«, antwortet Elina.
Rosanna weiß nicht, wie man ein Halfter
anlegt. Sie probiert es mehrere Male, aber
immer verkehrt herum. Als sie es schließen
will, schüttelt Sam den Kopf und wirft das
Halfter ab. Am Ende muss Rosanna Billie

festhalten, damit Elina Sam das Halfter anlegen kann.

»So.«

Elina hält Rosanna Sams Führstrick hin.

»Ich kann Billie auch gern führen.«

Rosanna legt den Arm um Billies Hals und drückt sich an ihn.

»Der ist total süß.«

»Billie ist mein Pony.«

Elina nimmt Rosanna Billies Führstrick aus der Hand.

»Deins?«

»Mein Lieblingspony«, murmelt Elina. »Ich werde bald sein Pflegemädchen.«

»Wir können doch dasselbe Lieblingspony haben«, findet Rosanna. »In meiner alten Reitschule war das kein Problem.«

Darauf sagt Elina nichts. Sie schnalzt Billie an und er setzt sich Richtung Stall in Bewegung. Soll Rosanna doch sehen, wie sie klarkommt. Man kann nicht in einer

Gruppe zusammen reiten und das gleiche
Lieblingspony haben, denkt Elina sauer.
Das muss Rosanna doch kapieren.
Rosanna braucht bei allem Hilfe. Sam
weigert sich, die Hufe zu heben, als
Rosanna sie mit dem Kratzer bearbeiten will.
Er rührt sich nicht einmal vom Fleck, als sie
ihn dazu auffordert. Und als Rosanna ihn
auftrensen will, kriegt sie das Gebiss um
nichts in der Welt in Sams Maul.
»Das lernst du bald«, tröstet Ingela sie, als
Rosanna ihrer neuen Reitlehrerin ihr Leid
klagt.

»Mir macht Reiten viel mehr Spaß als Pflegen«, sagt Rosanna mit einem tiefen Seufzer.

»Aber wenn man das Pony nicht satteln und auftrensen kann, kann man hier auch nicht reiten.«

Eric grinst Rosanna an.

»Ich kann ohne Sattel reiten«, kontert Rosanna.

»Das will ich sehen«, sagt Eric.

Rosanna erzählt, dass sie bei der Internationalen Pferdeshow gesehen hat, wie das geht.

»Der Reiter hatte keinen Sattel und kein Halfter, und das Pferd hat sich hingelegt, als er es ihm gesagt hat.«

»Das macht Sappo auch manchmal, ohne dass man es ihm sagen muss.« Eric lacht.

»Du kannst ihm bestimmt beibringen, das auf Kommando zu tun«, sagt Rosanna.

Elina sagt nichts. Aber insgeheim wünscht

sie sich, dass Rosanna genauso schlecht reiten kann, wie sie in der Pferdepflege ist. Rosanna macht wirklich alles falsch!

Als sie Sam aus dem Stall führen soll, lässt sie die Zügel über seinem Hals liegen und zieht die Steigbügel herunter.

»Hier auf dem Reiterhof machen wir das so, schau mal.«

Ingela zieht die Steigbügel wieder hoch und zieht die Zügel über Sams Kopf. Dann zeigt sie Rosanna, wie sie sie halten soll. Die rechte Hand nah an Sam, die linke Hand am Zügelende.

»Das erhöht die Chance, dass du ihn halten kannst, wenn etwas Unvorhergesehenes eintritt«, erklärt Ingela. »Und die Steigbügel sind beim Führen immer hochgezogen, weil die Ponys auf dem Weg nach draußen sonst irgendwo hängen bleiben.«

Rosanna sieht genervt aus, aber sie tut, was Ingela sagt.

»Ingela ist eine richtige Meckerliese«, raunt Rosanna Elina leise zu, als sie sich auf der Reitbahn aufgestellt haben.
Als Rosanna anfängt, im Schritt zu reiten, sieht man gleich, dass sie keine Anfängerin ist. Sam versucht zu tricksen, aber Rosanna presst die Schenkel fest zusammen und lenkt ihn schnell in die richtige Richtung.

»Gut, Rosanna!«, ruft Ingela.

Elina stellt die Steigbügel passend ein.
Gleich ist sie dran und darf zeigen, was sie
kann. Leider hat sie es so eilig, dass Billie
sie missversteht. Als Elina Schenkeldruck
ausübt, macht er einen Satz nach vorn.
Elina kommt aus dem Gleichgewicht und
rutscht im Sattel nach hinten.

»Ruhig, Billie!«

Elina hat einen knallroten Kopf, als sie sich
wieder richtig hinsetzt. Ausgerechnet in dem
Moment reitet Rosanna an ihr vorbei.

»Du kannst hinter mir her reiten«, bietet sie
Elina an. »Dann ist Billie vielleicht ruhiger.«

Reitstunde

Hanna und Agnes waren seit dem letzten
Ponyausflug nicht mehr reiten. Matilda war
einmal im Urlaub auf Gotland reiten, aber
das zählt nicht. Die drei sind unsicher und
ängstlich und wollen nur Schritt reiten.
Das ist ja, als würde man ganz von vorne
anfangen, denkt Elina. Nachdem sie eine
Weile Schritt geritten sind, fordert Ingela sie
auf, nacheinander durch die lange Bahn zu
traben. Eric fängt an. Sappo benimmt sich
viel besser als beim letzten Reitausflug.
Am Ende macht er ein paar unkontrollierte
Galoppschritte, aber das findet Ingela nicht
schlimm.

»Sappo hat ja ganz schön Fortschritte
gemacht!«
Hanna, Matilda und Agnes sind baff.
»Ich habe euch doch gesagt, dass er sich
schnell an die anderen Ponys gewöhnen
wird.« Ingela lächelt. »Inzwischen macht
Sappo die Arbeit richtig Spaß.«
Nach Eric ist Rosanna mit dem Traben dran.
Sie gibt Schenkeldruck und Sam macht, was
er in dem Fall immer tut –
er galoppiert los.
Aber Rosanna scheint
überhaupt keine Angst
zu haben.

Sie stellt sich in die Steigbügel und lässt
Sam durch die lange Bahn galoppieren.
»Sam mag dich«, sagt Eric lachend, als
Rosanna hinter ihm anhält.
»Das hat Spaß gemacht.«
Rosanna beugt sich vor und tätschelt Sams
Hals.

»Die Schwierigkeit ist nicht, Sam zum
Galoppieren zu bringen.«
Ingela klingt streng, aber sie lächelt.

»Das Problem ist, dass er nur selten das tut,
was von ihm verlangt wird.«
Elinas Herz pocht aufgeregt. Gleich ist sie
an der Reihe. Am liebsten würde sie ja

Galopp reiten. Dann könnte sie allen zeigen, dass sie sich traut, Billie sehr schnell laufen zu lassen.

»Na dann, Elina«, sagt Ingela endlich. »Zeig mir, wie du Billie im Trab halten kannst.«

Elina nickt ernst. Das zeigt sie Ingela sehr gern. Elina hebt sich abwechselnd leicht aus dem Sattel und setzt sich wieder hinein.

»Nur traben, Billie«, ermahnt Elina ihr Lieblingspony.

»Gut, Elina!«

Ingela lobt Elina, als sie hinter Rosanna zum Stehen kommt.

»Wie war's?«

Rosanna dreht sich um und lacht Elina an.

»Billie mag lieber Galopp als Trab«, sagt Elina. »Es ist gar nicht so einfach, ihn zu bremsen.«

Danach ist Hanna dran. Molly trabt so langsam, dass man kaum sieht, wie sie die Hufe vom Boden hebt.

Japp bewegt sich, als würde er durch zähen Brei waten. Er rührt sich kaum von der Stelle, als Agnes vorantreibend die Schenkel einsetzt. Sie schnalzt mit der Zunge und gibt ordentlich Schenkeldruck, aber mehr als ein paar Trabschritte kann sie Japp nicht entlocken.

»Gut, Japp!«

Agnes ist trotzdem zufrieden und umarmt Japp.

Jetzt ist Matilda dran.

Sie gibt Schenkeldruck und hält die Zügel ganz fest.

»Lass die Zügel lockerer«, ruft Ingela.

»Ich trau mich nicht.«

Matilda hat Tränen in den Augen. Erst als Ingela zu ihr geht und verspricht, neben Nanou herzulaufen, ist sie bereit, es zu versuchen.

»Du machst das super«, sagt Ingela, als sie bei den anderen angekommen sind. »Und du hast Nanou gut im Griff.«

»Ich weiß.« Matilda tätschelt Nanou. »Aber das hat sich am Anfang gar nicht so angefühlt.«

»Mit dem Reiten ist es wie mit dem Radfahren«, sagt Ingela. »Wenn man es einmal gelernt hat, vergisst man es nie wieder.«

Als alle einmal getrabt sind, kündigt Ingela an, dass sie jetzt Volten üben dürfen. Dafür sollen sie hintereinander im Schritt in die

Bahnmitte reiten und beim Buchstaben B an der Längsseite der Reithalle eine große Volte einleiten.

»Bis an die Mittellinie heranreiten!«
Ingela zeigt, was sie meint. Um sicherzugehen, dass alle sie verstanden haben, läuft sie selber eine Volte.

»Schenkeldruck innen und mit dem inneren Zügel führen. Wenn die Shetties abkürzen wollen, korrigiert ihr sie leicht mit dem äußeren Zügel und drückt noch fester mit dem inneren Schenkel.«

Es sieht lustig aus, wie Ingela als Pferd und Reiter zugleich im Kreis herumgeht. Sie drückt die Ellenbogen, die die Schenkel darstellen, gegen ihre Taille. Mit den Händen hält sie die Zügel. Ihre Beine sind das Pferd, das nicht so will wie sein Reiter. Eric und Sappos Volte ist in Ordnung. Rosanna und Sam machen es richtig gut. Denen werd ich's zeigen, denkt Elina, als sie an der Reihe ist. Aber als sie Billie durch die Volte lenken will, weigert er sich. Er bewegt sich in die falsche Richtung und will einfach nicht auf sie hören.

»Lass das, Billie«, schimpft Elina.

Aber Billie scheint beschlossen zu haben, heute keine Volte zu gehen. Statt des großen Kreises läuft er ein winziges Viereck, obwohl Elina sich alle Mühe gibt.

»Jetzt reicht's!«

Dieses Mal kriegt Elina kein Lob von Ingela.

»War er anstrengend?«, fragt Rosanna.

Elina begnügt sich mit einem Nicken.

»Probier es beim nächsten Mal mit der Gerte«, schlägt Rosanna vor.

»Billie mag die Gerte nicht«, nuschelt Elina.

»Du sollst ihn ja nicht schlagen«, sagt Rosanna. »Nur ein bisschen das Hinterteil tätscheln, damit er kapiert, dass du es ernst meinst.«

»Das hilft«, stimmt Eric zu.

Am Abend, als Elina wieder zu Hause ist
und sie beim Abendessen zusammensitzen,
wollen Mama und Papa wissen, wie die
Reitstunde war.

»Doof«, murmelt Elina.

»Doof?«

Die beiden sehen Elina sehr verwundert an.

»Billie war total stur und alle haben sich nur
für Rosanna interessiert.«

»Alle außer dir?«, fragt
Papa.

»Sie ist eine Angeberin«,
schmollt Elina.

»Ingela hat gesagt,
dass sie eine gute
Reiterin ist«, sagt
Mama.

»Aber aufsatteln und
auftrensen kann sie
nicht«, kontert Elina.

»Kann es sein, dass Rosanna besser reitet als du?«

Papa lächelt Elina foppend an.

»Ihr seid gemein.«

Elina hat Tränen in den Augen, als sie von ihrem Teller aufschaut.

»Ihr versteht gar nichts.«

»Aber Schatz. Wieso ist alles, was mit dem Stall und den Ponys zu tun hat, immer so kompliziert?«

»Weil ich Billie so schrecklich gernhab«, schluchzt Elina.

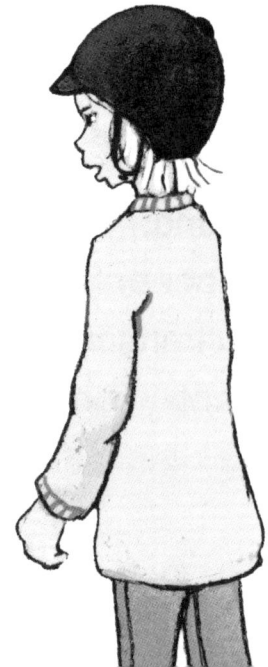

Nachdem Mama und Elina
eine Weile geredet haben,
sieht Elina ein, dass es
mit Rosanna in der
Gruppe vielleicht
auch ganz schön
werden kann. Weil
es dann außer

Elina und Eric noch jemanden gibt, der sich
etwas traut.

»Wart's nur ab, ihr drei werdet Matilda,
Agnes und Hanna schon mitreißen«,
versucht Mama, Elina zu trösten. »Ich bin
sicher, dass alles gut wird.«

Wenn da nur nicht die Sache mit den
Lieblingsponys wäre … Elina erzählt Mama
und Papa nichts von ihren Befürchtungen,
aber es grummelt in ihrem Bauch, als sie
versucht einzuschlafen. Was, wenn
Rosanna beschließt, dass Billie auch ihr
Lieblingspony ist?

Mini-Reiten

Linnea, Elinas kleine Schwester, soll auch mit dem Reiten anfangen. Seit Linnea das weiß, stellt sie mindestens hundertmal am Tag dieselbe Frage.

»Wann ist meine erste Reitstunde?«

»Am Samstag«, sagt Elina seufzend.

»Du führst mich doch, oder?«, will Linnea wissen.

»Wenn Ingela es erlaubt«, antwortet Elina.

»Ich erlaube es dir«, sagt Linnea.

»Aber das entscheide nicht ich, sondern Ingela«, sagt Elina und seufzt noch einmal. Eigentlich ist es Aufgabe der Pflegemädchen, samstags die Minis zu führen. Darum ist es alles andere als sicher, dass Elina Linnea helfen darf. Ingela muss sich darauf verlassen können, dass diejenigen, die die Pferde führen, wirklich dafür sorgen, dass die Ponys sich benehmen. Das kriegt Elina in den meisten Fällen hin, aber nicht immer und nicht mit allen Ponys. Billie ist zwischendurch ziemlich bockig und Sam ist unberechenbar, wenn er in Quatschlaune ist. Dann senkt er den Kopf und stupst denjenigen, der ihn führt. Nanou ist nicht ganz einfach, weil sie ab und zu unvermittelt beißt. Das hat ihr den Spitznamen Krokodil eingebracht. Da bleiben eigentlich nur Japp und Molly übrig, die Elina sicher führen könnte.

Linnea ist am Samstagmorgen als Erste wach. Als es ihr nicht gelingt, Mama und Papa zu wecken, stürmt sie in Elinas Zimmer.

»Heute ist meine erste Reitstunde«, schreit sie in Elinas Ohr.

»Noch nicht.«

Elina dreht Linnea den Rücken zu, aber die bleibt einfach auf dem Bett hocken und plappert weiter.

»Heute galoppier ich«, schnattert Linnea.

»Tust du nicht«, nuschelt Elina.

»Das hast du nicht zu bestimmen«, singt Linnea. »Ingela ist die Bestimmerin.«

Elina kann unmöglich wieder einschlafen mit dieser quiekenden Nervensäge von kleiner Schwester im Bett. Sie wirft die Bettdecke zur Seite, schnappt sich Linnea und kitzelt sie durch, bis ihre kleine Schwester vor Lachen quietscht.

»Wenn du willst, kannst du auf meinem Rücken Galoppieren üben«, sagt Elina, als sie sich wieder beruhigt haben.

Elina kniet sich vors Bett und stützt sich mit den Händen auf der Bettkante ab.

»Geh runter, damit ich aufsteigen kann«,
sagt Linnea streng.

Das Elina-Pony geht gehorsam runter.

Als Linnea rittlings auf ihrem Rücken sitzt,
stemmt Elina sich wieder auf alle viere.

»Trab!«, ruft Linnea.

Sie hält sich mit den Händen an Elinas
Schultern fest und hüpft auf und ab.

»Du musst leicht traben«, prustet Elina.

»Dann hopst es nicht so.«

»Ich will aber schwer traben«, ruft Linnea.

»Galopp!«

Das Elina-Pony galoppiert so schnell, dass
Linnea um ein Haar hinten herunterrutscht.
»Halt!«, schreit Linnea.
»Das geht nicht«, schnaubt Elina. »Billie hat
seine fünf Minuten und kann jetzt nicht
anhalten.«
Linnea kriegt Angst und wird wütend. Als

das Elina-Pony stehen bleibt, schimpft sie
wie ein Rohrspatz.

»Ich hab doch gesagt, dass ich nicht auf
Billie reiten will. Billie ist doof.«

»Ist er gar nicht«, sagt Elina.

»Ist er wohl.«

Elina und Linnea streiten sich oft. Und wenn
sie erst mal angefangen haben zu streiten,
ist es schwierig, den Ausknopf zu finden.
Jetzt läuft Linnea zu Mama und Papa und
schreit so lange, dass Elina gemein zu ihr
war, bis Mama und Papa aufgeben und sich
im Bett aufsetzen.

»Was für ein Krach«, seufzt Mama und reibt
sich die Augen.

»Man könnte meinen, es brennt irgendwo«,
jammert Papa.

»Linnea hat mich geweckt«, verteidigt Elina
sich.

»Du hättest wenigstens dafür sorgen können,
dass es keinen Streit gibt.«

Mama sieht Elina streng an.

»Das geht nicht, wenn Linnea anfängt.«

»Wohl«, piepst Linnea.

»Du bist vier Jahre älter«, sagt Papa zu Elina.

Jetzt wird Elina richtig wütend. Sie knallt die Tür zu Mamas und Papas Schlafzimmer zu und rennt in ihr Zimmer. Sie weint, weil alles so ungerecht ist. Weil Linnea immer ihren Willen kriegt und immer die kleine Schwester bleiben wird. Elina hat plötzlich ganz schreckliche Gedanken. Zum Beispiel, dass keiner sie mag. Dass Matilda sich nicht mehr mit ihr zum Spielen verabreden will. Dass Eric vielleicht lieber mit Rosanna befreundet sein will als mit ihr. Plötzlich ist alles so verkehrt und schrecklich traurig. Darum fällt es ihr auch leicht, die Tür zu öffnen, als Mama anklopft und reinkommen will.

»Rosanna will Billie zu ihrem Lieblingspony machen.«

Elina drückt das Gesicht auf Mamas Schoß und weint.

»Das ist doch gar nicht sicher«, sagt Mama.

»Rosanna hat doch gerade erst im Reitstall angefangen.«

»Aber was soll ich machen, wenn das passiert?«

»Wenn das Wörtchen wenn nicht wäre …« Mama streicht eine tränennasse Haarsträhne aus Elinas Gesicht.

»Meine kleine Grüblerin«, sagt Mama.

»Das lässt sich nicht einfach so abstellen«, sagt Elina und seufzt.

»Du kannst Billie so oder so nicht die ganze Zeit für dich haben«, redet Mama weiter.

»Wenn Billie doch nur mir gehören würde«, sagt Elina leise. »Dann könnte ich nur noch auf ihm reiten.«

»Eines Tages wirst du zu groß für ihn sein«, erinnert Mama sie. »So wie Josie.«

»Du bist doof!« Jetzt ist Elina eingeschnappt.

»Und du schwätzt dummes Zeug«, zieht
Mama sie auf.

Als Mama und Elina in die Küche kommen,
sitzt Linnea schon am Tisch. Sie hat ihren
Reithelm auf dem Kopf. Das Kinnband ist so
eng eingestellt, dass sie kaum den Mund
aufbekommt, um in ihr Brot zu beißen. Das
sieht so lustig aus, dass Elina lachen muss.
Und in dem Moment sieht sie, dass draußen
die Sonne scheint. Gleich fahren sie zum
Stall. Und mit ein bisschen Glück darf Elina
helfen, Billie fertig zu machen.

»Jetzt fahren wir«, ruft Papa. Er muss nicht lange auf Elina und Linnea warten.

»Wenn das immer so einfach wäre«, sagt Papa lachend.

»Solange du uns zum Reiterhof fährst«, antwortet Elina.

Auf dem Hofplatz warten vier Minis mit ihren Mamas und Papas. Die älteren Pflegemädchen haben die Ponys von der Weide geholt. In den Boxen wird gestriegelt, was das Zeug hält.

»Hallo.«

Elina ist etwas schüchtern, als sie den Stall betritt. Vor Billies Box bleibt sie stehen.

»Billie ist so was von schmutzig«, schnaubt Josie. »Magst du mir helfen?«

Billie sieht aus, als hätte er in einer Schlammkuhle übernachtet. Das Fell ist hart von getrocknetem Matsch, den Josie mit der Bürste wegrubbelt. Elina sucht in Billies Pflegeeimer nach der zweiten Wurzelbürste.

Kurz darauf stehen Josie und sie jede auf einer Seite und bürsten Billies Fell, dass es nur so staubt.

»Ich glaube, Billie weiß ganz genau, welcher Tag heute ist«, seufzt Josie. »Samstags ist er immer besonders schmutzig.«

Während sich die Pflegemädchen um die Ponys kümmern, führt Ingela die Minis über den Hof. Sie sehen alle ganz schüchtern aus, als hätten sie ein bisschen Angst vor den Vierbeinern. Alle, außer Linnea.

»Sam ist mein Liebespony«, sagt Linnea laut, als sie vor Sams Box stehen.

Elina ist Linneas Angeberei ein bisschen peinlich. Aber Josie und die anderen Mädchen lachen und finden Linnea süß. Da muss Elina auch kichern. Linnea ist wirklich ziemlich knuffig, wenn sie erzählt, was sie schon alles über die Ponys weiß.

»Japp ist ein Trödelheini«, erzählt Linnea. »Und Billie macht immer Bocksprünge.«

Als Ingela die Ponys verteilt, kriegt Linnea auch ihren Willen.

»Du willst doch bestimmt dein Liebespony haben, was?«, sagt Ingela lachend.

»Das wäre schon gut«, sagt Linnea nickend.

Elina bleibt im Stallgang stehen, als die

Minis mit den Pflegerinnen in die Stallkammer gehen. Alle älteren Mädchen sind da und keine von ihnen will ihr Pony abgeben. Linda hilft Linnea, Sams Halfter vom Haken zu nehmen. Elina wartet vor Sams Box, während Linda ihn sattelt und auftrenst.

»Magst du mit uns mitgehen?«, fragt Linda.

»Gern«, antwortet Elina schnell.

»Auf jeder Seite eine«, bestimmt Linnea.

»Das ist das Beste.«

Es dauert eine Weile, bis alle Minis im Sattel sitzen und alle Steigbügel richtig eingestellt sind. Zwei Minis haben so kurze Beine, dass die Steigbügelriemen neu eingestellt werden müssen, um sie passend zu machen. Irgendwann sitzen endlich alle auf ihren Ponys und Ingela kündigt an, dass sie einen Ausflug in den Wald machen wollen.

»Damit ihr ein Gefühl dafür bekommt, wie Reiten ist«, sagt Ingela.

»Das hab ich schon«, ruft Linnea stolz.
Sie nehmen den Pfad vorbei an dem großen
Stein, wo die Trolle wohnen. Die Minis
machen große Augen, als Ingela ihnen die
Geschichte erzählt.
»Ab und zu können wir die Trolle sogar
sehen«, sagt Ingela. »Das sind lustige
kleine Gestalten mit Mooskleidern.«

»Aber meistens sieht nur Billie sie«, sagt
Josie lachend.

»Da ist einer«, ruft ein Mini und zeigt auf den
Stein. Aber da ist der Troll schon wieder
unter dem Stein verschwunden.

Sie gehen weiter über moosweiche Pfade.
Vorbei am kleinen Tümpel mit der
spiegelglatten Oberfläche. Die Shetties
schnauben zufrieden. Zwischendurch rückt
Elina Linneas Beine zurecht, damit sie
richtig sitzt.

»Du wirst mal eine gute Pflegerin.«
Ingela lächelt Elina an.

»Wenn's nach mir ginge, würde ich sofort
damit anfangen«, sagt Elina schnell.

»Da wirst du dich schon noch etwas
gedulden müssen«, sagt Ingela lachend.

»Bis ich aufgehört habe«, sagt Josie.

Ponywahl

Elina kann den nächsten Stallbesuch kaum
erwarten. Alles Anstrengende der letzten
Reitstunde und Rosannas Angeberei sind
vergessen.

In der großen Mittagspause spielen Elina,
Hanna, Matilda und Agnes Pferd. Rosanna
kommt über den Schulhof gelaufen und will
mitmachen.

Sie malen eine Reitbahn in den Sand und
wollen sich als Reitlehrer abwechseln. Ehe
eine von ihnen etwas sagen kann, hat
Rosanna sich in die Mitte gestellt und ruft,
dass sie auf dem äußeren Hufschlag reiten
sollen. Matilda übernimmt mit Sam die

Führung, gefolgt von Elina auf Billie. Danach kommt Hanna auf Molly. Agnes schnalzt Japp an, aber er will nicht traben.

»Die Gerte!«, schreit Rosanna.

»Nein«, schnauft Agnes. »Das mag Japp gar nicht.«

Rosanna kommandiert, dass sie haltmachen, Volten reiten und durch die Bahn wechseln sollen. Aber als sie von ihnen verlangt, Schlangenlinien durch die ganze Bahn in drei Bögen zu reiten, weiß keine von ihnen, was sie machen soll. Rosanna erklärt es ihnen, aber die Ponys haben keine Lust mehr auf die Reitbahn.

»Lasst uns was anderes spielen«, sagt Matilda mit einem Seufzer.

»Ausritt in den Wald«, schlägt Elina vor. Diesmal übernimmt Elina die Führung. Sie galoppiert wie der Wind den Pfad hoch, der in den Wald führt. Bis zu der Hütte, die sie gebaut haben.

»Hier machen wir Rast.«

Elina tut so, als würde sie Billie an einem der
Bäume festbinden.

»Ich hab am Samstag geholfen, die Minis
bei ihrer ersten Reitstunde zu führen«,
erzählt Elina, als sie in ihrer Hütte sitzen.

»Oh, das würde ich auch gern machen«, sagt Rosanna.

»Das dürfen aber nur die Pflegemädchen«, sagt Elina schnell.

»Und wieso warst du dann dabei?«

»Weil ich in den Sommerferien so viel im Stall war«, vermutet Elina.

»Ich frag Ingela mal, ob ich Pflegemädchen werden kann«, sagt Rosanna.

Da erklären die Freundinnen ihr, dass man bei Ingela frühestens mit zehn Jahren Pflegerin werden kann.

»Und als Pflegemädchen verbringt man mehr oder weniger seine ganze Freizeit im Stall«, schiebt Elina hinterher.

»Dazu hab ich keine Lust«, sagt Agnes.

»Das hört sich anstrengend an.«

»Ich tanze auch noch«, erzählt Matilda.

»Dazu hätte ich gar keine Zeit.«

»Ich fände das super«, sagt Rosanna. »Und ich werde bald zehn.«

Elinas Magen zieht sich nervös zusammen,
als Rosanna erzählt, dass sie im Januar
Geburtstag hat. Lange vor Elina, die erst im
August zehn wird.

»Es ist schon so gut wie abgemacht, dass
ich nach Josie Billies Pflegerin werde«,
beeilt Elina sich zu sagen.

»So gut wie?«, fragt Rosanna.

»Wenn ich dann noch will.«

Elina sagt nicht, was sie eigentlich denkt.
Dass Billie ihr Pony ist und dass sie auf
keinen Fall zulassen wird, dass Rosanna ihn
ihr wegnimmt.

»Ach, egal«, sagt Rosanna. »Ich krieg
wahrscheinlich sowieso bald ein eigenes
Pferd.«

»Echt?«

Die Mädchen schauen Rosanna überrascht
an. Ein eigenes Pferd!
Elina, Hanna, Matilda und Agnes
bombardieren Rosanna mit Fragen. Was für
ein Pferd? Wann? Aber für Rosannas
Antwort ist keine Zeit mehr, weil es zum
Unterricht klingelt und ihre Lehrerin es nicht
leiden kann, wenn sie zu spät kommen.

»Wir können ja nach der Schule was zusammen machen«, ruft Matilda, als sie zum Schulgebäude rennen.

»Keine Zeit«, sagt Rosanna und winkt.

Als Elina, Hanna, Matilda und Agnes in der Klasse sind, sprudelt es nur so aus ihnen heraus. Sie können einfach nicht still sein. Obwohl ihre Lehrerin sie mehrfach ermahnt.

»Wieso kriegt Rosanna ein eigenes Pferd?«, flüstert Elina. »Sie kann ja noch nicht mal auftrensen.«

»Vielleicht kann ihre Mutter das ja«, flüstert Hanna.

»Rosanna ist wirklich eine ganz schöne Angeberin«, wispert Agnes.

»Also, ich finde sie nett«, sagte Matilda.

»Mädchen!«, unterbricht die Lehrerin sie.

»Wenn ihr was Spannendes zu erzählen habt, lasst uns doch bitte daran teilhaben!« Da verstummen die Freundinnen.

Elina hat das Gefühl, dass die Zeit so

langsam vergeht wie noch nie, aber dann kommt er doch endlich, der Donnerstag. Und schneller als gedacht stehen sie wieder vor der großen Pinnwand im Reitstall. Ingela erinnert die Mädchen an ihr Versprechen, sich mit dem Pony zufriedenzugeben, das sie ihnen zuteilt.

»Kein Genörgel«, sagt Ingela streng. »Eric nimmt heute Sam. Rosanna, du darfst dieses Mal Billie ausprobieren.«

Dann dreht sie sich zu Elina um.

»Und für dich hab ich Sappo vorgesehen«, sagt sie.

Elina sieht Ingela erschrocken an. Und wenn Sappo anfängt zu bocken? So wie am Anfang, als Eric ihn geritten hat.

»Aber …«, setzt Elina zum Protest an.

»Ich würde ihn dir nicht geben, wenn ich dir nicht zutrauen würde, dass du mit ihm klarkommst«, sagt Ingela.

Als Ingela das sagt, ist Elina so stolz, dass

sie ihre Befürchtungen ganz vergisst. Da macht es ihr auch fast nichts aus, dass Billies rotes Halfter diesmal über Rosannas Schulter liegt, als sie zur Koppel hinausgehen.

Rosanna würde gerne mit Elina zusammen reiten, aber dieses Mal wollen Sappo und Sam zusammen gehen, die sich anscheinend im Laufe der Woche angefreundet haben.

»Endlich wird Sappo von der Gruppe akzeptiert«, sagt Ingela.

»Und was ist mit Billie?«, fragt Elina besorgt. »Wird er dann ausgeschlossen?«

»Keine Sorge, Elina«, sagt Ingela lachend. »Die drei werden wie die drei Musketiere sein – Billie, Sappo und Sam gegen den Rest der Welt.«

Eric und Elina laufen nebeneinander über die Weide. Sie sehen Rosanna hinter Billies wedelndem Schweif herlaufen, wobei

sie immer ungeduldigere »Billie!«-Rufe
ausstößt.

»Na, ob das was wird?«, sagt Eric grinsend.

»Billie kann es nicht leiden, wenn man
schreit.«

»Rosanna ist wirklich nicht nett zu den
Ponys«, sagt Elina zustimmend.

»Wie meinst du das?«

»Wenn's nach ihr ginge, würde sie dauernd
die Gerte benutzen«, murmelt Elina.

Eric zuckt mit den Schultern.

»Sie ist halt eine bessere Reiterin als Pflegerin. Aber sie ist ganz in Ordnung«, schiebt er hinterher.

Billie scheint beschlossen zu haben, dass er sich nicht einfangen lassen will. Als Ingela Rosanna zu Hilfe eilt, galoppiert er davon und bleibt am hinteren Zaun stehen. Ingela sagt, dass sie die anderen Ponys in den Stall bringen und dort anbinden sollen. Danach können sie wiederkommen und helfen, Billie einzufangen.

Als alle wieder auf der Koppel sind, erklärt
Ingela ihnen, wie sie am besten vorgehen.
»Wir müssen ihn in die Ecke neben dem
Ausgang treiben. Verteilt euch und geht
langsam hinter ihn.«
Sie kreisen Billie ein, der mit erhobenem
Kopf vor ihnen hin und her trabt. Ein
paar Mal galoppiert er an ihnen
vorbei ans andere Ende der Koppel.

Aber nach einer Weile haben sie seinen
Fluchtweg durchschaut und können ihn
aufhalten.

Als sie Billie endlich in die Ecke neben dem
Ausgang getrieben haben, scheint ihm klar
zu sein, dass er keine Chance mehr hat. Er
steht ganz still da, als Ingela ihm das Halfter
anlegt.

»Dummer Billie«, sagt Rosanna, als Ingela
ihr den Halfterstrick überreicht.

»Billie ist nicht dumm.« Elina funkelt
Rosanna wütend an. »Er hat deiner
Stimme angehört, dass du wütend bist.
Und das mag er gar nicht, dann
kommt er nicht.«

»Woher willst du das wissen?«, antwortet
Rosanna sauer.

»Keine Streitereien um die Ponys«, ermahnt
Ingela die Mädchen. »Billie ist, wie er ist.«
Elina sagt nichts mehr. Aber sie lässt
Rosanna nicht aus den Augen, als sie die
Ponys fertig machen. Um sicherzugehen,
dass Rosanna nicht gemein zu Billie ist.

Springen

Als sie mit den Ponys auf die Reitbahn
kommen, hat Ingela Hindernishalter und
Stangen herausgeholt. Alle werden ganz
aufgeregt. Dürfen sie jetzt springen?
»Mal schauen, wie es läuft«, sagt Ingela.
»Wir fangen mit der niedrigsten
Cavalettieinstellung an. Und wenn das
klappt, probieren wir vielleicht sogar ein paar
Sprünge.«
Elina kriegt ganz weiche Knie, als sie das
hört. Ihr erstes Springtraining wollte sie
eigentlich nicht unbedingt mit Sappo
machen. Sehnsuchtsvoll schaut sie zu Billie
rüber. Sieht er nicht etwas nervös aus, als

Rosanna die Zügel in eine Hand nimmt, um aufzusteigen?

Ingela hält Sappo fest, als Elina aufsitzt, damit der Sattel nicht verrutscht. Dann geht sie eine Weile neben Elina her und erzählt ihr etwas über Sappos Eigenarten.

»Solange du entschieden vorgehst, tut er, was du von ihm willst«, sagt Ingela.

»Ich weiß nicht, ob ich mich traue, mit ihm zu springen«, sagt Elina, jetzt, wo kein anderer sie hören kann.

»Sappo ist ein guter Springer.«

Ingela krault Sappo unter der Mähne.

»Wart's nur ab, du hast einen neuen Favoriten, nachdem du Sappo geritten hast.«

»Aber Billie ist doch mein Lieblingspony.«

Ingela lacht und sagt, dass sie das schon begriffen hat.

Hanna, Matilda und Agnes scheinen ihre Angst völlig vergessen zu haben. Sie wechseln munter trabend durch die halbe Bahn.

»Gut!«

Die Spur ist nicht ganz gerade und nicht alle kommen dort an, wo sie hinsollen, aber trotzdem spart Ingela nicht mit Lob. Danach legt Ingela in gleichmäßigem Abstand Cavalettistangen an der langen Bahnseite auf den Boden und fordert die Mädchen auf, hinter Eric her im Trab darüberzureiten.

»Wenn ihr die Ecke der Längsseite erreicht, geht ihr in den Springsitz«, erklärt Ingela. »Die Hände liegen still auf dem Mähnenkamm. Und unbedingt nach vorne schauen, damit ihr seht, wo es hingeht.« Sappo scheint es eilig zu haben, er klebt mit seiner Schnauze an Billies Schweif. »Nicht zu dicht aufeinander«, ruft Ingela.

»Pass doch auf!«, sagt Rosanna zu Elina und dreht sich im Sattel um. »Billie mag es nicht, wenn ihr so dicht dran seid.«
Aber Sappo will einfach nicht langsamer laufen. Am liebsten würde er wohl mit Billie um die Wette traben.
»Er ist so schnell«, jammert Elina.

»Tauscht die Plätze«, schlägt Ingela vor.
Als Sappo zwischen Sam und Billie läuft,
geht es schlagartig besser. Es schaukelt
herrlich, als er über die Stangen trabt.
»Super, Sappo!«, lobt Elina ihn.
Sappo nimmt das Lob als Aufforderung,
wieder schneller zu werden. Zum Glück ruft
Ingela in dem Moment, dass sie alle
langsamer werden sollen.
»Lasst die Zügel lang.«
Während Ingela die Hindernisböcke holt und

ein Hindernis aufbaut, reiten die Mädchen und Eric im Schritt auf dem Hufschlag um die Reitbahn.

»Pass auf, wenn es ans Springen geht«, sagt Eric zu Rosanna. »Billie läuft gern am Hindernis vorbei.«

Es ist ganz schön aufregend, Ingela beim Aufbauen des Hindernisses zuzuschauen. Als Elina Eric fragt, wie Sappo springt, zieht er sie auf und sagt, dass sie das schon selber rausfinden muss.

»Das wirst du dann ja sehen.« Mehr ist aus ihm nicht rauszukriegen.

Sie sollen nacheinander über das Hindernis springen. Außer Agnes und Molly stellen sich alle an der Mittellinie auf und warten. Das Hindernis ist wirklich niedrig. Die obere Stange liegt nur wenige Zentimeter über dem Boden. Trotzdem wird Molly immer langsamer, je näher sie dem Hindernis kommt.

»Mach schon, Molly«, feuert Agnes sie an.
Und da macht Molly einen ihrer berühmten
Hubschraubersprünge hoch über die Stange.
»Hilfe!«
Agnes schreit erschrocken auf, als es sie
aus dem Sattel hebt. Zum Glück hat sie sich
gut in der Mähne festgekrallt. Sonst wäre sie
wohl heruntergefallen.
»Noch einmal«, ruft Ingela. »Jetzt klappt es
bestimmt besser.«

Und das tut es. Weil Molly jetzt weiß, dass das Hindernis nicht gefährlich ist. Dieses Mal springt sie fast normal. Direkt nach Mollys Sprung hängt Ingela die Hindernisstange ein paar Zentimeter höher ein. Molly ist das einzige Pony, das Angst vorm Springen hat. Die anderen Ponys dagegen springen gar nicht erst, wenn das Hindernis zu niedrig ist.

Matilda rechnet damit, dass Japp so träge wie immer ist, aber kaum ist er dran, hebt er den Kopf und ist plötzlich hellwach.

»Sieht ganz so aus, als hätte Japp heute Lust aufs Springen«, scherzt Ingela. »Sieh zu, dass du ihn lenkst, den Rest übernimmt er.«

Matilda und Japp springen super. Und auch Hanna und Nanou scheinen Springen überhaupt nicht schwer zu finden.

»Das ist ein Unterschied zu Molly, was?« Ingela lacht Hanna an, die wie ein

Honigkuchenpferd strahlt und Nanou umarmt.

»Das macht Spaß«, sagt Hanna.

Als Rosanna an der Reihe ist, will Billie
nicht auf die Spur gehen. Ehe Ingela
etwas sagen kann, klatscht Rosanna
Billie die Gerte hinter dem Sattel auf den
Schenkel. Und Billie startet plötzlich
voll durch.

Darauf ist Rosanna nicht vorbereitet. Sie
gerät aus dem Gleichgewicht, als Billie in
wildem Galopp auf die Spur prescht. Gleich
darauf hängt sie schief im Sattel und schreit
um Hilfe.

Rosannas Schrei erschreckt Billie so sehr,
dass er noch schneller galoppiert. Hast du
nicht gesehen, sitzt Rosanna auf dem Po
im Sand.

Geschieht ihr recht, sagt eine schadenfrohe
Stimme in Elinas Kopf.

»Au!«

Rosanna schreit so laut und sieht so wütend
aus, dass keiner glaubt, dass sie sich
wirklich wehgetan hat.

»Ich hab ihr gesagt, dass Billie keine Gerte mag«, murmelt Elina.

»Das dürfte sie spätestens jetzt verstanden haben«, sagt Eric grinsend.

Nachdem Ingela sich überzeugt hat, dass Rosanna sich nicht ernsthaft verletzt hat, fängt sie Billie wieder ein. Aber ehe Rosanna wieder aufsitzt, muss sie versprechen, nicht zu schreien, wenn etwas nicht nach Plan läuft.

»Schreien ist das Schlimmste, was ihr in so einer Situation machen könnt«, sagt Ingela. Rosanna nickt eingeschnappt, lässt die Gerte aber ruhen, als Billie nicht spurt. Elina hört, wie Rosanna dabei brummelt, dass Billie dumm ist.

»Man kommt bei Billie nicht weit, wenn man laut wird«, sagt Ingela. »Probier es mal mit einer freundlichen Aufforderung, dann macht er, was du willst.«

Am Ende schafft Rosanna es über das

Hindernis, aber weder sie noch Billie
scheinen dabei Spaß zu haben.
Und dann ist Elina an der Reihe.
»Sei so ruhig wie bei Billie«, sagt Ingela.

»Dann wirst du sehen, dass es kein Problem ist.«

Elina tätschelt Sappos Hals und übt gleichzeitig Druck mit den Schenkeln aus. Sappo schüttelt den Kopf und scheint rückwärts- statt vorwärtsgehen zu wollen. Aber als Elina mit der Zunge schnalzt, überlegt er es sich anders.

»Gut!«

Elina lobt ihn. An Sappos wippenden Ohren ist zu sehen, dass er Elinas Stimme zuhört.

»Fang jetzt an zu traben«, ruft Ingela.

»Trab«, sagt Elina und schnalzt noch einmal leise.

Sappo trabt brav auf die Spur. Er senkt ein wenig den Kopf und kaut auf dem Gebiss. Er scheint genau zu wissen, dass an der Längsseite der Halle das Hindernis wartet und will sofort in Galopp übergehen.

»Halt ihn auf!«, ruft Ingela. »Er darf erst auf der langen Seite galoppieren.«

Als Elina Sappo endlich das Schenkelsignal
für Galopp gibt, fliegt er in langen Sprüngen
los.

»Auf die Mitte des Hindernisses zureiten«,
ruft Ingela. »Und in die Steigbügel stellen!
Um alles andere kümmert sich Sappo.«
Sappo hat die Ohren gespitzt. Einen halben
Meter vor dem Hindernis stemmt er die Hufe
in den Boden und fliegt leicht wie eine Feder
über die Stange.

»Richte dich auf und straff die Zügel.«
Elina verlagert das Gewicht nach hinten.
»Brrrrr.«

Aber Sappo wird nicht langsamer. Ehe Elina
ihn ausbremsen kann, nimmt er die andere
Längsseite im Galopp.
»Sappo ist stark.«
Ingela lobt Elina, als sie wieder neben den
anderen steht.

»Aber du bist sehr gut mit ihm fertig geworden.«

»Er ist toll.« Elina schlingt die Arme um Sappos Hals.

»Genauso toll wie Billie?«, fragt Eric.

»Fast«, lacht Elina.

Traurige Ereignisse

Im Stall ist immer was los. Es ereignen sich lustige und spannende, aber auch traurige Dinge. Zum Beispiel, dass die beiden Fohlen Scilla und Robin, die Lieblinge aller, tatsächlich verkauft worden sind.
Bald werden sie abgeholt und in ihr neues Zuhause gebracht. Es ist unvorstellbar, dass die beiden Fohlen irgendwann nicht mehr da sind. Die zwei, die immer Schabernack treiben und einem neugierig entgegenlaufen und gestreichelt werden wollen, wenn man auf die Koppel geht.
Es gehört zu den Aufgaben der älteren Mädchen, die Fohlen zu erziehen.

Bevor sie abgeholt werden, müssen Scilla und Robin sich am Führstrick führen, im Stallgang anbinden und die Hufe auskratzen lassen.

Am Anfang wollten die Fohlen partout ihre Hufe nicht heben. Ingela war die Einzige, die den Dreck wegkratzen konnte. Aber inzwischen heben die Fohlen meistens freiwillig die Hufe, sobald ein Mädchen mit dem Hufkratzer kommt.

Nach der Mini-Reitstunde am Samstag dürfen die Schulponys raus auf die Koppel und sich ausruhen. Auch dann gibt es im Stall immer genug zu tun. Die älteren Mädchen bleiben fast immer bis spätnachmittags.

Wenn Elina Glück hat, fragen sie sie, ob sie Lust hat, zu bleiben und ihnen zu helfen. Dann hilft Elina den großen Mädchen beim Ausmisten und Fegen des Stallganges und mit den Fohlen. Manchmal sitzen sie zusammen in der Sattelkammer und putzen die Sattel und Halfter.

Wenn ein Ausflug ansteht, ist Eric auch mit dabei. So wie diesen Samstag, als sie eine Hindernisbahn im Wald aufbauen wollen. Auf dem Reiterhof ist nämlich ein Turnier geplant und Ingela hat alle Eltern gebeten, bei den Vorbereitungen zu helfen. Elinas Vater hilft beim Entasten der Birken- und Fichtenstämme, die als Hindernisstangen eingesetzt werden sollen. Später schleppen Eric und Elina Tannenzweige für ein Hindernis an, das Elinas Vater baut.

»Hier springst du aber nicht rüber, oder?« Er sieht Elina nachdenklich an, als das Hindernis fertig ist.

»Wenn Ingela es erlaubt, dann schon«, sagt Elina.

»Du bist wahrscheinlich in der leichten Klasse«, vermutet Eric. »Da reitet ihr mit Anführer.«

Nachdem sie eine Weile geschuftet haben, machen sie eine Picknickpause auf dem Hügel im Wald. Ingela hat einen Korb mit Kaffee, Saft und Zimtschnecken für alle dabei. Sie reden über den Geländelauf, wer am liebsten welches Pony reiten möchte und welche Hindernisse am schwersten aussehen.

»Ich will auch mitmachen!«

Elina sieht Ingela flehend an.

»Ich könnte mit dir zusammen springen«,
bietet sich Josie an. »Wir sind garantiert die
schnellsten.«

»Darum geht es bei diesem Turnier aber gar
nicht«, sagt Ingela, »sondern um die
Idealzeit. Das heißt, wie lange man braucht,
wenn man umsichtig reitet. Dort, wo viele
Steine sind, reitet ihr Schritttempo, und wo
der Untergrund es zulässt, dürft ihr traben
oder galoppieren.«

»Da wird es ja superschwer, zu gewinnen«,
sagt Josie.

»Nicht, wenn man mit dem Kopf reitet«,
antwortet Ingela.

»Also, ich reite nicht mit dem Kopf«, sagt
Eric. »Ich reite auf Sam, und der will immer
so schnell laufen, wie er kann.«

»Das ist dann dein Problem«, antwortet
Ingela lachend.

Als sie so zusammensitzen, fällt Linda ein,
dass bald Halloween ist.

»Oh, Ingela, bitte«, sagt sie. »Machen wir
einen Spukabend?«

»Oh ja!« Eric ist gleich Feuer und Flamme.
»Wir laden alle Reitschüler ein und machen
eine Spukwanderung in den Wald.«

»Nicht mit den Ponys.« Ingela schüttelt den
Kopf. »Die haben im Dunkeln im Wald nichts
verloren. Da werden sie nur aufgescheucht.«

»Och bitte, Mama!« Eric sieht sie flehend an.
»Wir müssen ja nicht reiten.«

»Und wir kümmern uns auch ganz allein um
die Vorbereitungen«, bittet Josie.
»Hauptsache, wir dürfen hier sein.«

»Bitte!«, rufen die anderen einstimmig.

»Aber ich will kein Remmidemmi im Stall«,
warnt Ingela sie. »Und ihr müsst
versprechen, euch wirklich selbst um alles
zu kümmern.«

Ehe sie an diesem Nachmittag nach Hause
gehen, besprechen die älteren Mädchen
und Eric sich noch wegen des Spukabends.
Elina darf leider nicht mit dabei sein.
»Das wäre den anderen Mädchen aus deiner
Gruppe gegenüber ungerecht«, sagt Josie.
»Und außerdem ist es doch viel spannender
für dich, wenn du nichts weißt«, tröstet Linda
sie.
»Aber Eric darf doch auch mitmachen«,
protestiert Elina.
»Nur, weil er hier wohnt«, sagt Josie.
»Ich weiß, wo alles ist«, stimmt Eric ihr zu.
Elina hat keine andere Wahl, als ihrem Vater
zum Auto zu folgen.
»Komm, wir fahren jetzt nach Hause und
spuken da für Mama und Linnea.«
Papa versucht, Elina aufzumuntern, die
mit hängendem Kopf hinter ihm hertrottet
und sich von den anderen ausgeschlossen
fühlt.

»So ist das nun mal, wenn man die Jüngste ist«, sagt er.

Und dann sagt er, dass er weiß, wie Elina sich gerade fühlt. Weil er früher bei seinen älteren Brüdern auch immer der Kleinste war.

»Ich wollte so gern all die Dinge tun, die sie gemacht haben«, sagt Papa. »Aber das war auch nicht immer gut. Manchmal ist es besser, etwas mit Freunden in deinem Alter zu unternehmen.«

»Und bestimmt wären Matilda, Hanna und Agnes traurig und sauer auf mich, wenn ich mit den Älteren den Spukabend plane«, bemerkt Elina.

»Da hast du sicher recht«, sagt Papa.

Tränen im Stall

Als Elina, Hanna, Matilda und Agnes am Donnerstag in den Stall kommen, hängt ein großes Plakat an der Tür.

Halloween auf dem Ponyhof
Spukwanderung im Wald und
Spukgeschichten im Stall
Mit Gruselgarantie
Hier anmelden!

»Da machen wir auf jeden Fall mit«, sagt Matilda.
»Alle vier«, stimmt Agnes ihr zu.

»Ich weiß nicht, ob ich mich traue«, sagt
Hanna.

»Du kannst ja zwischen uns gehen«, schlägt
Elina vor. »Dann ist es nicht so unheimlich
für dich.«

Während sie vor der Tür stehen und sich
beraten, kommt Rosanna angelaufen.

»Oh, wie toll!«, ruft Rosanna, als sie das
Plakat gelesen hat. »Da können wir aus der
Donnerstagsgruppe ja alle zusammen
hingehen.«

»Der Spukabend hat mit den Reitstunden
eigentlich gar nichts zu tun«, sagt Elina. »Da
muss man nicht mit seiner Gruppe
zusammen hingehen.«

»Ach so«, sagt Rosanna. Ihr Gesicht sieht
plötzlich ganz traurig aus.

»Aber du kannst natürlich mit uns dorthin
gehen«, sagt Hanna.

Als Matilda sich bei Rosanna unterhakt und
sie mit sich in den Stall zieht, hat Elina ein

merkwürdiges Ziehen im Bauch. Die
anderen brauchen gar nichts zu sagen,
Elina weiß auch so, dass ihre Freundinnen
denken, dass sie sich Rosanna gegenüber
gemein verhalten hat.
»Das wird bestimmt total unheimlich.«
Matilda lacht und albert mit Rosanna rum.
»Je größer unsere Gruppe ist, desto
besser.«

»Stimmt, es ist bestimmt gut, wenn wir als Gruppe zusammen gehen«, versucht Elina, ihr Verhalten wiedergutzumachen, aber leider zu spät.

Elina läuft allein in die Sattelkammer, um zu gucken, ob Eric schon da ist. Ist er nicht, aber alle älteren Mädchen sind da. Sie schauen Elina mit verheulten Augen entgegen.

»Scilla wird heute abgeholt«, schluchzt Josie.

»Arme Scilla«, weint Linda.

»Und Scillas Mutter! Arme Salsa«, schnieft Sara. »Und armer Robin.«

»Hätte ich doch nur genügend Geld, um alle beide zu kaufen«, jammert Linda.

Da kommt Ingela.

»Jetzt beruhigt euch mal wieder«, sagt sie streng. »Es ist immer traurig, wenn Fohlen abgeholt werden, aber Scilla kommt in ein sehr gutes Zuhause. So müsst ihr denken.«

»Aber ohne die Fohlen ist es so leer hier.«
Linda kann die Tränen nicht zurückhalten.
»Für eine kurze Zeit lang, ja«, sagt Ingela.
»Aber es gibt immer etwas zu tun, das uns ablenkt. Zum Beispiel der Spukabend.«
»Wieso bist du so sicher, dass Scilla es gut haben wird?«
Josie sieht Ingela vorwurfsvoll an.
»Weil die Familie bereits fünfundzwanzig Shetties hat.« Ingela lacht. »Und jetzt ist Schluss! Ihr könnt ja fragen, ob ihr Scilla zwischendurch besuchen dürft, um euch zu versichern, dass es ihr gut geht.«
Als Hanna, Matilda und Agnes die Neuigkeit hören, müssen sie auch weinen.
»Wir waren dabei, als sie getauft wurden«, schluchzt Hanna.
»Das sind unsere ersten Fohlen«, jammert Agnes.
»Ich will nicht, dass sie abgeholt werden«, weint Matilda.

»Und ich war sogar bei Scillas Geburt dabei«, seufzt Elina.

»Was ist denn so schlimm daran, dass sie verkauft wurden?« Rosanna sieht sie verwundert an. »Wir reiten ja noch nicht einmal auf ihnen.«

Dieses Mal sind Elina, Hanna, Matilda und Agnes sich einig.

»Wie kannst du so etwas sagen?«, sagt Matilda empört.

»Scilla und Robin sind die süßesten Fohlen auf der Welt«, sagt Agnes.

»Aber wir mögen auch alle anderen Ponys«, schiebt Elina hinterher.

»Dann kann ich euch auch nicht helfen«, sagt Rosanna eingeschnappt.

Die Trauerstimmung schlägt aufs Gemüt. Da hilft es gar nichts, dass Ingela die Mädchen ermahnt, sich zusammenzureißen.

Scilla ist im Stallgang angebunden. Sobald sie zu ihr schauen, treibt es ihnen die

Tränen in die Augen.
Nicht einmal Eric
albert herum, wie er
es sonst immer tut.

»Ich finde es schrecklich, wenn Fohlen
abgeholt werden«, nuschelt er.

Ingela schlägt vor, dass sie ohne Sattel
ausreiten dürfen, weil die älteren Mädchen
da sind und sie führen können. Aber nicht
einmal das muntert sie auf. Die
Pflegemädchen wollen Scilla nicht alleine
lassen. Erst als Ingela richtig streng wird,
bringen sie Scilla in eine Box und gehen
nach draußen.

Ingela führt Billie, als sie über den Pfad in

den Wald gehen. Außer dem Geräusch der Ponyhufe hört man nur ab und zu das ein oder andere Mädchen schniefen.

»Man könnte meinen, eins der Ponys wäre gestorben«, sagt Ingela seufzend.

»So fühlt es sich auch an«, murmelt Josie. Elina schiebt ihre Hände unter Sappos Mähne. Sein Rücken ist schön breit und warm. Normalerweise findet Elina es ganz toll, durch den Wald zu reiten, aber heute will irgendwie keine gute Laune aufkommen. Nicht einmal, als Agnes wie ein Indianer seitlich in Mollys Sattel hängt oder sie alle beim Trab durchgeschüttelt werden. Das übliche Geplapper und Lachen kommt einfach nicht in Gang.

Als sie auf dem Rückweg aus dem Wald kommen, sehen sie ein fremdes Auto mit einem Pferdeanhänger auf dem Stallvorplatz. Und schon geht das Jammern wieder los.

»Oh nein!«, ruft Linda. »Sie sind da!«

Die Eltern der Familie, die Scilla gekauft hat, stehen an Scillas Box und reden mit ihr.

»So, meine Kleine«, sagt die Mutter. »Jetzt nehmen wir dich mit nach Hause.«

Die Pflegemädchen beeilen sich zu sagen, dass sie noch nicht ganz fertig mit Scilla sind. Sie müssten sie noch ein letztes Mal ordentlich bürsten und die Hufe auskratzen.

»Darauf werden wir wohl verzichten müssen«, sagt der Vater. »Wir haben nicht so viel Zeit.«

»Das machen wir zu Hause«, sagt die Mutter.

»Aber …«, rufen die älteren Mädchen wie aus einem Mund.

»Ihr seid traurig, dass Scilla von euch fortgeht, oder?«

Die Mutter sieht sie mitfühlend an.

»Wir wissen, wie das ist«, sagt sie. »Es ist immer schrecklich, wenn ein Pferd verkauft wird.«

»Ihr wollt Scilla doch wohl nicht
weiterverkaufen?«, fragt Josie.

»Nein, die Absicht haben wir ganz sicher
nicht«, antwortet der Vater.

»Ihr dürft uns gern besuchen, wenn ihr mögt,
damit ihr euch überzeugen könnt, dass
Scilla es gut bei uns hat«, sagt die Mutter.
Elina hält Josies Hand, als Scilla in den
Anhänger geführt wird. Das Fohlen scheint
auch nicht vom Ponyhof wegzuwollen, aber
die Eltern nehmen es zwischen sich und
heben es fast in den Anhänger hinein.

»So«, sagt der Vater, als die Klappe
geschlossen ist. »Jetzt sind wir
abfahrbereit.«

Scilla wiehert laut, als sie vom Hof fahren.
Tränen kullern über Elinas Wangen, weil die
arme Scilla so verzweifelt und einsam klingt.

Es spukt!

Nach dem tränenreichen Donnerstag, an
dem Scilla abgeholt wurde, ist Robin an der
Reihe. Salsa und Samira, ihre Mütter, laufen
in der Koppel herum und suchen die beiden.
»Wo seid ihr?«, scheinen sie zu wiehern.
Elina könnte gleich wieder losheulen, als sie
die beiden hört. Aber Ingela erklärt ihr, dass
Stuten ihre Fohlen schnell vergessen.
Außerdem ist es gar nicht gut für sie, die
Fohlen zu lange bei sich zu haben. Samira
und Salsa müssen sich allmählich auf die
Fohlen einstellen, die im nächsten Jahr
geboren werden. Sie müssen ein bisschen
Fleisch auf die Rippen kriegen, was

schwierig ist, wenn man ein Fohlen an der Seite hat.

Bei diesen traurigen Ereignissen ist es gut, dass die Vorbereitungen für den Spukabend Elina auf andere Gedanken bringen.

»Ich möchte so gern hingehen«, sagt Elina zu Mama. »Aber ich weiß nicht, ob ich mich traue.«

»Ich trau mich«, sagt Linnea überzeugt.

»Du bist zu klein«, sagt Elina.

»Oh nein«, seufzt Mama. »Fangt ihr schon wieder an zu streiten?«

»Ich darf aber mitkommen«, sagt Linnea energisch. »Das hat Ingela gesagt.«

»Wozu soll das denn gut sein«, brummelt Elina. »Du machst dir doch sowieso vor Angst in die Hose.«

»Dann geh ich eben zwischen Mama und Papa und mach die Augen zu«, sagt Linnea.

»Dann ist es doch witzlos mitzukommen«, sagt Elina mit einem tiefen Seufzer.

120

»Gar nicht«, sagt Linnea trotzig und zieht
eine Schnute.
»Unsere ganze Familie geht hin«,
entscheidet Mama. »Zusammen schaffen wir
das schon.«

An Halloween sind die Straßenlaternen auf
der Zufahrt zum Stall ausgeschaltet.
Stattdessen erleuchten brennende Fackeln
den Herbstabend. Die Flammen flackern

gespenstisch in der Dunkelheit. Elina greift nach Papas Hand, als sie zum Stall gehen.

»Du gehst doch mit uns, oder?«, flüstert sie.

»Ich weiß nicht, ob ich mich traue«, flüstert Papa zurück.

Da will Linnea auf Papas Arm. Mama bietet Elina ersatzweise ihre Hand an, aber da haben sie auch schon das Stalltor erreicht.

Matilda, Hanna, Agnes, Rosanna und Eric warten schon an der Pinnwand auf Elina und ziehen sie mit sich in den Stall.

»Sobald die Hexe kommt, gibt's Gruselgeschichten«, flüstert Eric.

»Was denn für eine Hexe?«, wollen die Mädchen wissen.

»Sie wohnt hier«, sagt Eric und zeigt an die Decke. »Da oben irgendwo …«

Die älteren Mädchen haben Strohballen in den Stallgang gelegt, auf denen die Kinder sitzen können, wenn die Hexe ihre Spukgeschichten erzählt. Die Lampen unter

der Decke sind ausgeschaltet. Ein paar
in roten Stoff gewickelte Taschenlampen
malen runde Lichtflecken an die Decke.
Elina will Billie begrüßen, aber seine Box
ist leer.

»Bestimmt hat die Hexe ihn entführt«,
krächzt Eric.

»Hör auf!«, schimpft Elina ihn aus. »Du
machst mir Angst.«

»Ich weiß, wo er ist.«

Rosanna greift nach Elinas Hand und zieht
sie hinter sich her. Das ist alles so
spannend, dass es schwer ist, leise zu sein.
Vor dem Durchgang zum kleinen Stall
hängen weiße Laken. Eric ruft ihnen
hinterher, dass sie da nicht reindürfen.
Doch da legen sich schon die Laken über
ihre Gesichter und sie sehen selbst wie
Gespenster aus.

Der arme, von all dem Spuk verängstigte
Billie steht in einer der Boxen im kleinen

Stall und schnauft laut, als sich Elina und
Rosanna kichernd von den Laken befreien.
»Ist ja gut, Billie!«
Elina lockt Billie zu sich, aber er drückt sich
in die hinterste Ecke der Box. Seine Nüstern
beben aufgeregt und er schaut sie mit
großen Augen an. Josie hat ihm einen
Hexenhut aufgesetzt.

»Wir spuken doch nur zum Spaß herum«, versucht Elina, ihn zu trösten.

»Wieso ist Billie eigentlich so schreckhaft?«, fragt Rosanna.

»So ist er eben«, sagt Elina.

»Nervig«, sagt Rosanna. »Sam und Sappo sind viel lustiger. Einen von denen würde ich gern als Pflegemädchen übernehmen.«

»Ich dachte, du kriegst bald ein eigenes Pony«, sagt Elina.

»Hm«, murmelt Rosanna.

Elina würde Rosanna gern weiter über ihr eigenes Pony ausfragen. Aber in dem Moment ruft Eric, dass sie kommen und sich auf die Strohballen setzen sollen, weil die Hexe unterwegs ist.

Elina und Rosanna quetschen sich zwischen Hanna und Agnes. Sie haben sich gerade hingesetzt, als von der Stalltür ein kühler Luftzug hereinströmt. Eine schwarz gekleidete, buckelige alte Frau mit langen

grauen Haaren humpelt auf einen Stock
gestützt auf sie zu.

Unter der breiten Krempe ihres riesigen
Hexenhutes ragt eine gruselig lange und
krumme Nase hervor. Die schwarzen
Schuhe, die unter dem Rocksaum
hervorlugen, sind staubig und ganz spitz.

»So, so, hier sitzt ihr also«, zischt die Hexe. Elina, Eric, Hanna, Matilda, Agnes und Rosanna sitzen so dicht nebeneinander, wie es nur geht. Elina kneift die Augen so eng zusammen, dass sie gerade noch erkennen kann, wie die Hexe ihren Stock an einen Strohballen lehnt und sich langsam darauf sinken lässt.

»Ach ja, ach ja«, murmelt sie vor sich hin.

»Heute ist es mal wieder so weit … Das ist der Abend …«

Sam in seiner Box scharrt unruhig mit einem Huf über den Boden. Alle Kinder kichern los. Das aufgeregte, nervöse Kichern verstummt augenblicklich, als die Hexe wieder das Wort ergreift.

»Einmal im Jahr …«, wispert die Hexe.

»Einmal im Jahr passiert es. Da verschwindet etwas auf Nimmerwiedersehen.«

Die Hexe hebt zum ersten Mal den Kopf,

sodass ihr Gesicht zu sehen ist. Mit einem ihrer krummen Finger zeigt sie auf die Kinder.

»Gehe ich recht in der Annahme, dass ihr die Geschichte hören wollt?«, krächzt sie.

»Nein«, piepst Linnea und drückt ihr Gesicht an Papas Schulter.

Die Hexe überhört Linneas Nein und hustet rasselnd. Dann keucht sie und räuspert sich.

»Es ist immer exakt der gleiche Abend im Jahr«, sagt sie. »Keiner hat je herausbekommen, wohin genau sie geführt werden. Letztes Mal war es der Braune.«

Die Hexe zeigt mit ihrem krummen Finger auf Sam.

»Die älteren Mädchen haben ihn zurückgeholt.«

Die Hexe breitet die Arme aus. So unvermittelt, dass alle vor Schreck nach Luft schnappen.

»Weg war er, einfach weg, und der Weiße ist fast vor Angst gestorben.«

»Billie?«, flüstert Elina.

»Bis dahin war noch keins zurückgekommen«, wispert die Hexe. »Aber im letzten Jahr haben die mutigen Mädchen sich auf die Suche gemacht. Sie haben sich in die Dunkelheit gewagt und sind durch den schwarzen Wald geritten, bis sie vor sich zwischen den Bäumen den Braunen entdeckten. Er trug eine wundersam leuchtende Gestalt auf dem Rücken. Sie waren in Richtung See unterwegs. Von dem Reiter ging ein mystischer, unheimlicher Lichtschimmer aus …«

Man könnte eine Stecknadel fallen hören, so gespannt hören alle zu, um zu erfahren, was für ein rätselhafter Lichtschimmer das wohl war. Die Hexe schnauft und ächzt. Dann schnäuzt sie sich in ein großes, rußverschmiertes Taschentuch und räuspert sich laut.

»Das Licht kam aus seinem Rücken«, sagte sie. »Sein Rücken hat geleuchtet.«

Der Blick der Hexe gleitet über die ängstlichen Gesichter. Als wolle sie abwägen, wie viel sie ihren Zuhörern zumuten kann.

»Von einer Lampe?«, flüstert Hanna.

»Nein, keine Lampe.«

Die Hexe streckt einen Finger in die Luft.

»Der Reiter hatte ein Loch im Rücken, in dem ein Feuer brannte. Ein ewiges Feuer. Und er trieb den Braunen auf den See zu, um dieses Feuer zu löschen.«

»Oh nein.« Agnes schnappt nach Luft.

»Doch«, zischt die Hexe. »Genau so war es. Ohne die mutigen Mädchen wäre der Braune für immer verloren gewesen. Sie holten den Reiter ein und bildeten einen Kreis um ihn. Ihre Ponys waren so schnell gelaufen wie noch nie in ihrem Leben, als wüssten sie, dass es um Leben und Tod ging. Was dann geschah, kann keiner sagen.«

»Wieso?«

»Keins der Mädchen erinnert sich«, zischt die Hexe, »weil plötzlich alles schwarz wurde und sie die Besinnung verloren. Als sie wieder zu sich kamen, war der Reiter fort. Der Braune lief hinter dem Weißen und sie waren auf dem Heimweg.«

»Aber …?«

»Heute ist der Abend im Jahr, an dem ihr besonders wachsam sein solltet«, sagt die Hexe warnend und erhebt sich. »Passt gut auf eure Ponys auf!«

Die Hexe humpelt zur Stalltür und verschwindet in der Dunkelheit.

»Dumme Hexe!«, piepst Linnea, als die Stalltür zuschlägt.

»Sie wollte doch nur nett sein und uns warnen«, sagt Eric.

»Besonders nett hat sie aber nicht ausgesehen«, sagt Hanna.

»Puh, war das unheimlich«, schnauft Agnes. Jetzt, wo die Spannung nachlässt, plappern alle durcheinander. Was genau hat die Hexe gesagt? Dass sie auf ihre Ponys aufpassen sollen? Wie hat sie das gemeint?

Kurz darauf geht die Stalltür auf und Ingela kommt herein. Alle umringen sie und wollen gleichzeitig erzählen, was sie erlebt haben.

»Das hört sich ja richtig gruselig an«, sagt Ingela und lacht.

»Ich hab nicht hingeguckt«, sagt Linnea.

»Nur ganz kurz, dann hab ich Angst gekriegt.«

»Traut ihr euch jetzt noch zur Spukwanderung in den Wald?«, fragt Ingela.

»Vielleicht wäre es besser, wenn wir hierbleiben und auf die Ponys aufpassen«, sagt Elina.

»Feigling«, zieht Eric sie auf.

»Das hat die Hexe schließlich gesagt«, versucht Elina zu erklären.

»Genau – dass heute der gefährliche Abend ist«, stimmt Rosanna ihr zu.

»Ihr seid beide Feiglinge.« Eric lacht.

»Du hast gut reden«, beschweren sich die Mädchen im Chor. »Du weißt ja, wie die Geschichte weitergeht.«

Jetzt hacken alle Mädchen auf Eric herum, weil er nicht damit aufhört, sie aufzuziehen. Alle außer Elina, die gerade etwas entdeckt hat. Sie kichert leise in sich hinein.

»Was ist los?«, flüstert Rosanna, die am dichtesten neben ihr steht.

»Sag nichts«, flüstert Elina zurück und zeigt unauffällig auf Ingelas Schuhe, die ziemlich dreckig und sehr spitz sind.

Spukgeschichten

Eric gibt den Mädchen Anweisungen, dass
sie sich für die Spukwanderung zu zweit
zusammentun sollen, gern mit einer Mutter
oder einem Vater, wenn sie wollen. Aber
größer sollten die Gruppen nicht sein.
»Sonst fühlen die Geister sich gestört und
kommen auf dumme Ideen«, erklärt Eric.
»Wir zwei?«
Matilda streckt Elina die Hand entgegen.
»Und Papa«, sagt Elina schnell.
Kleine Lampions in den Bäumen weisen
ihnen den Weg in den Wald. Elina hält an
der einen Hand Matilda, an der anderen
Papa.

»Gut, dass Linnea nicht mitgekommen ist«, flüstert sie.

»Ja, das ist wohl besser so«, antwortet Papa.

»Das hier ist nichts für kleine Kinder«, wispert Matilda.

Der Wald sieht ganz anders aus im Dunkeln. Und dunkel ist es wirklich. Und kalt. Obwohl Elina zu wissen glaubt, wer die Hexe in Wirklichkeit ist, kann sie es nicht bleiben lassen, sich die ganze Zeit nach ihr umzuschauen. Als sie am Trollstein vorbeigehen, hören sie einen Klagelaut. Klemmt da jemand unter dem Stein fest und ruft um Hilfe?

»Au! Au! Helft mir, mich zu befreien. Warum hilft mir denn niemand?«

»Das ist der erste Spuk«, sagt Papa lachend und zieht die beiden Mädchen hinter sich her, weg von dem Trollstein und weiter in den Wald hinein. Elinas Herzklopfen ist gerade etwas weniger geworden, als aus

einem Baum direkt vor ihnen ein Skelett
herunterfällt.

»Hahaha«, ertönt über ihren Köpfen ein
höhnisches Lachen.

Matilda schnappt vor Schreck nach Luft. Sie
lässt Elinas Hand los, um nach der freien
Hand von Elinas Papa zu greifen.

»Das ist nur ein Plastikskelett«, tröstet Papa
die beiden Mädchen.

»Gruselig«, flüstert Matilda.

»Ich glaub, ich trau mich nicht
weiterzugehen.« Elinas Atem geht hektisch.

»Wenn du jetzt aufgibst, ärgerst du dich
hinterher bestimmt«, sagt Papa.

Erst nachdem Elina und Matilda Papa das
Versprechen abgerungen haben, auf gar
keinen Fall ihre Hände loszulassen, trauen
sie sich, weiterzugehen. Gleich darauf
flattert ein Gespenst vor ihnen auf den Weg,
mit einer Kette um den Fußknöchel, die es
klirrend hinter sich herschleift. Beim

Näherkommen sehen sie, dass das Gespenst nur einen Arm hat. Wo der zweite sein sollte, hängt nur ein blutiger Stoffstreifen.

»Verschwindet aus meinem Wald«, faucht das Gespenst. »Geht weiter, und zwar schnell.«

Ein Stück vor ihnen läuft eine merkwürdige Gestalt. Als sie ihnen den Rücken zudreht, um zu fliehen, sehen sie das brennende Loch, von dem die Hexe erzählt hat.

»Ich glaube, dass Ingela die Hexe war«, flüstert Elina.

»Da könntest du recht haben«, flüstert Papa zurück.

»Das ist doch alles nur Spaß, oder?«, wispert Matilda.

»Hier lang! Hier geht's weiter!«

Eine fröhliche Stimme lockt sie den Hang hinunter. Als sie aus dem Wald heraustreten wollen, flattert ihnen ein Laken vor die Füße.

»Ab hier rennen wir«, ruft Papa.

Sie sind richtig froh, das offene Stalltor zu sehen. Den sicheren, erleuchteten Stall zu erreichen und zu wissen, dass sie die Spukwanderung geschafft haben.

»Huh, war das unheimlich«, rufen Matilda und Elina gleichzeitig.

Als alle von der Spukrunde zurück sind, gibt es Saft und Kuchen in der Stallkammer. Alle erzählen sich gegenseitig von den unheimlichen Dingen, die sie im Wald erlebt haben. Das war richtig spannend, da sind sie sich einig. Zwar auch schrecklich unheimlich, aber trotzdem die beste Spukwanderung überhaupt.

»Unser Reiterhof ist einfach der beste auf der Welt«, seufzt Elina glücklich.

»Ich will nie mehr woanders reiten«, stimmt Rosanna ihr zu.

»Und was ist mit deinem eigenen Pferd?«, fragt Matilda.

»Ach«, sagt Rosanna. »Ich reite lieber mit euch zusammen.«

»Und welches wird dann dein Lieblingspony?«, will Elina wissen.

»Sappo, nehme ich mal an.« Rosanna grinst. »Obwohl ich noch nie auf ihm geritten bin.«

»Ich bin sicher, dass du ihn magst«, sagt Elina.

»Hauptsache, du hast Billie für dich allein, was?«, zieht Eric sie auf.

»Ja.« Elina nickt. »Hauptsache, ich hab Billie ganz für mich allein.«

Lin Hallberg
Billie

Alle lieben Billie

Frechdachs Billie, liebster Freund

Elina ist überglücklich: Sie darf auf Billie reiten, dem süßesten und liebsten Shetlandpony auf dem Reiterhof. Aber Billie hat auch einen ganz schönen Dickkopf. Immer will er der Erste und der Schnellste sein! Da ist Reiten manchmal gar nicht so einfach, vor allem, wenn man es erst noch lernen muss. Zum Glück hat Elina jede Menge Mut!

Große Aufregung auf dem Reiterhof! Elina und ihre Ponyfreundinnen üben eifrig für das große Fest. Endlich können sie zeigen, was sie gelernt haben! Natürlich möchte Elina auf Billie, ihrem Lieblingspony, reiten. Aber Billie ist ziemlich frech – und manchmal auch ein bisschen wild! Ist Elina wirklich schon gut genug, um die Quadrille auf ihrem heißgeliebten Frechdachs zu reiten?

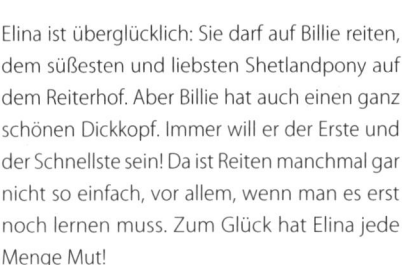

Band 1
128 Seiten • Gebunden
ISBN 978-3-401-45451-1

Band 2
128 Seiten • Gebunden
ISBN 978-3-401-45452-8
www.arena-verlag.de